LIBRETTO 1

Saiten-sprung

Lyrik von Werner Stingl

Einhorn-Presse Verlag

ISBN 3-88756-061-2

© 1987 by Einhorn-Presse Verlag, Reinbek
Alle Rechte vorbehalten
Printed in Germany

Vorwort

Vor vier Jahren las Werner Stingl morgens um sieben im Radio Proben seiner Lyrik: eine Flut von Briefen und Anrufen war die Antwort.

Seine auf äußerste Kürze reduzierten Aussagen sind Kristalle, in denen das Fließende und Vergängliche menschlicher Erfahrungen sich zu einer endgültigen und durchsichtigen Form verfestigt, deren Spiegelungen und Brechungen aus dem Zueinander und Gegeneinander der Worte entstehen.

Diese Worte erscheinen uns wie oft gehörte, von uns selbst gesprochene Worte, und doch treffen sie uns, als hörten wir sie zum ersten Mal.

Wer aufhorcht, wenn sie jetzt erneut im Radio gelesen werden, der kann sie in diesem Band nachlesen, wieder lesen, weitergeben.

MARGARETE WINTER

1

wie
zerbrochen
muß
jemand
sein
der
mit
zwei
Stimmen
vor
sich
hin
spricht

Harmonie
ist
Lüge
denn
das
Ganze
ist
das
Unwahre

der
schönste
Tag
meines
Lebens
war
eine
Nacht

wenn man liebt
trägt man
eine Rose im Mund
und Blut
tropft
von den Lippen

einmal
wäre ich
fast verblutet

ein
Wort
von
dir
und
wir
hätten
den
Horizont
mit
einem
Flügelschlag
erreicht

du
bist
schön
weil
du
dich
in
meinen
schönen
Gedanken
spiegelst

funkelnde
Juwelen
solltest
du
tragen

Steine
so
hart
wie
dein
Herz

mein
Schmerz
ist
zu
kostbar
um
ihn
mit
dir
zu
teilen

Liebesnächte
mit
dir

Rituale
einer
fremden
Religion

Sie schluchzt
sie schreit
sie schlägt

sie lebt
jenen Teil
meines Lebens
den ich
nicht zu leben
wage

11

sie lacht
wie andere
weinen
sie weint
wie andere
verbluten

mir
drohen
die
Frauen
nicht
mit
Mord
sondern
mit
Selbstmord

ich bin
die schöne Blume
des Bösen
kann immer nur
schmerzen
nie erlösen

nur wer mich
kalt und herzlos
bricht
stirbt
nicht

eben
hattest
du
das
glückliche
Gesicht
eines
Kindes
das
Insekten
quält

du
willst
getröstet
sein

und
kleine
Mädchen
tröstet
man
mit
Märchen

immer
wirst
du
die
schöne
Verliererin
sein
die
richtig
träumt
und
falsch
handelt

17

wann
ziehen
wir
in
dein
Luftschloß

du
bist
den
Sternen
näher
als
der
Erde

die
Morgensonne
ist
reicher
als
ich

sie
kann
dir
Gold
ins
schlafende
Haar
streuen

als
ich
dein
Geheimnis
entschleiern
wollte
ging
es
mir
wie
den
Kindern
die
auf
den
Regenbogen
zulaufen

ich
habe
dir
für
die
heftigsten
Herzschläge
meines
Lebens
zu
danken

und
hinter
deinem
Schritt
steigt
hoch
der
Staub
und
löscht
mich
aus

wer
das
Leben
eines
anderen
lebt
der
stirbt
auch
den
Tod
eines
anderen

ich war nie
mit dir in Nizza
ich war
überhaupt nie
mit irgendwem
irgendwo

ich war
immer nur
bei mir

du
sagst
du
verstehst
mich
nicht

danke
für
das
Kompliment

du
greifst
nach
allem
und
hältst
nichts
fest

du bist
die coole Prinzessin
der Nacht

bist
nur für dich
nicht für mich
gemacht

du hast
in fremden Betten
geschlafen
und hast
Fremden
Vertrautes gesagt
du hast
meine Trauer verhöhnt
und meine Freude
du hast
mir das Herz
gebrochen

aber nicht
das Bewußtsein

aber auch wenn du
irgendwann
schlafen wirst
um nie mehr
zu erwachen
wirst du doch
mit mir schlafen

dem
Schlaf
bin
ich
entronnen

aber
wie
entrinne
ich
jetzt
dem
Erwachen

für andere
mag die Liebe
die Genesung
von einer Krankheit
sein

mich
hat sie
immer nur
krank gemacht

ich
habe
das
gefrorene
Meer
in
mir

wie
könnte
ich
da
die
Kälte
der
Frauen
beklagen

ich
gestatte
dem
Leben
nicht
sich
mir
ohne
Zeremonie
zu
nähern

ich
war
immer
gleichmütig

gleichgültig
war
ich
nie

ich
liebe
das
Eismeer
weil
ich
ihm
gleichgültig
bin

Kleist erschießt sich
in Berlin
Hemingway auf Cuba
Pavese vergiftet sich
in Turin
Amery in Salzburg
Roth säuft sich in Paris
zu Tode
Poe in den USA
Rimbaud lebt in Äthiopien
als Toter weiter
ich in Hamburg

Zuflucht
findest
du
nur
bei
den
Flüchtigen

ich
liebe
geheime
Bündnisse
und
Treppen
die
in
die
Tiefe
führen

auf
der
Suche
nach
meiner
verlorenen
Zeit
habe
ich
einen
neuen
Kontinent
des
Wunderbaren
entdeckt

ich
verneige
mich
vor
dem
Rätsel

ich
habe
dich
gefunden
weil
ich
so
wenig
nach
dir
gesucht
habe

ich
hätte
dich
lieber
durch
den
Tod
als
durchs
Leben
verloren

ich
bin
nicht
kalt

mir
ist
kalt

die
reißende
Seide
der
Untreue

ich
habe
das
Geräusch
noch
im
Ohr

nichts
ist
mir
von
dir
geblieben
als
die
eine
oder
andere
falsche
Erinnerung

mehr
und
mehr
fasziniert
mich
die
Idee
einer
Welt
ohne
Menschen

erst
verliert
man
die
Liebe
dann
die
Erinnerung
an
die
Liebe
dann
die
Erinnerung

verweile
Augenblick
du
bist
so
schön
leer